AF337716

LES RAISONS

D'UN RÉPUBLICAIN

CONVERTI

A LA MONARCHIE TRADITIONNELLE

CAEN

TYP. F. LE BLANC-HARDEL, LIBRAIRE

Rue Froide, 2 & 4

1871

LES

RAISONS D'UN RÉPUBLICAIN

CONVERTI A LA MONARCHIE TRADITIONNELLE.

RÉPONSE A UN VIEIL AMI, RÉPUBLICAIN HONNÊTE,

Ta dernière lettre ne m'a surpris qu'à moitié. Connaissant de vieille date les tendances de ton esprit, je m'attendais bien à te voir de nouveau caresser cette idole de la république honnête, qui nous a souri à tous dans les illusions du jeune âge. Je prévoyais que, dans la juste haine que tu as vouée en ton cœur à l'insolent aventurier, le Bonaparte, ce grand malfaiteur de la France, cet audacieux et rusé révolutionnaire déguisé en empereur, ce vieux débauché froidement corrupteur de la morale publique, tu dépasserais le point où tu devais plier ta voile et jeter l'ancre, et que, t'aventurant au souffle de vents trompeurs, tu t'élancerais sur la vaste mer *de l'absolu*, à la recherche d'un monde imaginaire. Voici, suivant moi, la cause de ton erreur : un goût très-prononcé pour ce qui est œuvre d'imagination, c'est-à-dire la littérature et la poésie ; une certaine inclination à l'esprit de système , et conséquemment peu d'attrait pour les études historiques proprement dites. Les faits t'ennuient ; tu n'as pas la patience de les tourner et retourner, de les comparer entre eux , de voir comment ils se préparent et s'enchaînent dans l'histoire politique de la France. Tu préfères te replier sur toi-même, réfléchir, voir ce qui devrait être, en prenant pour base l'équité absolue, et, avec cette donnée, improviser un système politique. Ainsi pour toi, le travail accompli par le temps est peu de chose ; ton étude n'embrasse pas les origines historiques de la nation française, son développement à travers les siècles, ses mœurs, son tempérament. De tout cela, tu fais table rase ; tu ne vois que ton système, et en possession d'une idée, tu tailles dans l'absolu, tirant les conséquences du principe posé. En un mot, tu es tout à la fois trop poëte, trop philosophe, et pas assez historien.

Une autre source d'erreur, c'est une disposition généreuse qui t'entraîne à voir l'humaine nature à travers ton âme, à lui supposer ton amour du bien, ton respect du droit, les sentiments qui font l'honnête homme. Enclin à croire trop facilement à la vertu chez l'homme, tu ne tiens pas assez compte de toutes les mauvaises passions qui se remuent dans les bas-fonds de la société, sorte d'égout où se trouvent réunis pêle-mêle, non-seulement les hommes ignorants et perdus de vices, mais encore les travailleurs qui veulent vivre sans travailler, tous les dissipateurs ruinés, tous les déclassés à la recherche d'une position sociale, les fous politiques, et tous ces ambitieux qui croient arriver plus vite à la fortune et aux honneurs par la voie de la conspiration et de la révolte. Je ne dis pas que tu ignores l'existence de tous ces éléments impurs : ce serait te supposer trop naïf ; mais tu ne comptes pas assez avec les obstacles que met à l'établissement d'une république honnête toute cette tourbe fangeuse d'individus beaucoup plus avides de désordre que de vraie liberté. Séduit par les chères illusions que ton imagination a su se créer, tu vois tout en noir dans le passé : le règne des rois, c'est l'âge de fer, l'ère sombre de la tyrannie ; mais la future république, c'est l'âge d'or, c'est le progrès, c'est la civilisation s'épanouissant au soleil de la liberté. Sous l'empire de ces chimériques conceptions, tu ne vis pas dans le monde réel ; l'expérience, cette sage conseillère des hommes qui observent, ne te profite pas ; et, tandis que moi, le républicain des anciens jours, éclairé par les enseignements de tant de révolutions qui n'ont abouti qu'à bouleverser et détruire notre malheureuse patrie, à y tuer le sens moral, l'idée du droit et du devoir, je reviens à l'ordre traditionnel perfectionné par le progrès que le temps amène avec lui, toi, tu fermes les yeux à l'évidence des faits et tu rêves de nouveaux essais, qui, après d'épouvantables calamités, nous rejetteraient une fois encore sous la verge du despotisme. J'étais donc sûr de trouver un abîme entre tes idées politiques et les miennes. Mais ce que je ne devais pas prévoir, c'est qu'à des arguments sérieux, que je ne pouvais, il est vrai, qu'indiquer, tu répondrais d'une manière tout à fait frivole, et cela, lorsque tu venais d'entrer dans ton 55ᵉ printemps. Tu me prêtes gratuitement le mot de *dynastie légitime,* pour pouvoir tout à ton aise déverser le ridicule sur mes idées, lorsque avec réflexion j'avais employé l'expression de *monarchie traditionnelle*, comme plus claire, plus exacte, et donnant lieu à moins d'équivoques. Je comprends que tu as trouvé plus amusant, et aussi plus expéditif, de me renvoyer avec M. de Polignac et ce bon M. du Mollet, comme disait la chanson. Il n'y avait pourtant pas à se méprendre. Je te disais qu'aux États-Unis, la république est le gouvernement de droit, et que la renverser serait un crime ; que, si je revenais à la monarchie traditionnelle, ce n'était pas par ferveur de sentiment, mais par raison historique, à la suite d'une observation sérieuse et impartiale des mœurs, des traditions de la France, de la constitution politique que lui ont donnée les siècles. Et au lieu de me répondre par des arguments, tu me jettes bravement à la tête les noms de Henri III et de Louis XV ! En vérité, c'est à se demander si tu étais éveillé quand tu as découvert ce fantôme de raisonnement! Et si je te réponds par les noms à jamais impérissables des Marat, des Carrier, des Robespierre, des Fouquier-Tainville, des assassins de Clément Thomas, du brave général Le Comte et de l'honorable M. de L'Espée, te voilà bien avancé ; la république aura encore la supériorité du crime et de l'infamie. Laisse donc ces puériles plaisanteries ; elles sont indignes d'un homme de ta valeur. Quand on veut connaître quelle est pour un peuple la meilleure forme de gouvernement, ce n'est pas l'immoralité de tel ou tel homme qu'il faut mettre en relief ; il y a toujours eu et il y aura toujours des souillures dans l'humanité, chez les rois et chez le peuple ; non, cette manière de procéder ne mène à aucun résultat sérieux. Ce qu'il faut faire, c'est étudier, avec soin et sans passion, l'ensemble des faits qui constituent la vie politique d'une nation. Il en est des peuples comme des individus; ils ont des caractères particuliers, ils contractent des habitudes; et, pour savoir la forme politique qui leur convient, il faut avant tout connaître leur tempérament; autrement, comme ces médecins empiriques qui, pour guérir plus rapidement leur malade, commencent par l'assassiner, on ruine leur constitution en la violentant, et on les conduit à la mort.

Crois-moi donc : laisse là tous ces systèmes *à priori*, qui peuvent être magnifiques, mais qui n'ont qu'un petit inconvénient : celui de n'être pas faits pour le monde réel. Place-toi sérieusement et sans passion sur le terrain historique, étudie avec soin les origines de la nation française; suis bien sa formation, son développement à travers les siècles, sans rien deviner, sans rien créer, à la façon des poètes historiens; puis agis en sage philosophe, et tu arriveras à cette conséquence: que vouloir bouleverser de fond en comble la constitution politique d'un peuple qui, pendant quatorze siècles, a été en quelque sorte pétri et façonné par la main de ses rois, qui s'est développé et a grandi au milieu des institutions monarchiques, pour lui substituer cette forme républicaine sans racines dans le passé, et par conséquent nullement en rapport avec ses goûts, ses tendances, sa manière d'être, est une idée irréalisable, une utopie pleine de dangers; qu'il n'y a de durable que ce que les siècles ont lentement élaboré ; qu'il ne faut prétendre qu'au bien relatif, et qu'évitant les changements radicaux qui, loin de conduire au progrès, ne font qu'accumuler d'immenses ruines sur le sol de la patrie, le politique sensé doit se contenter de sages réformes amenées par la marche des idées, sans vouloir violemment innover de la base au sommet.

Deux observations judicieuses de Montesquieu confirment l'opinion que je soutiens sur l'impossibilité de la république en France. Le grand publiciste remarque, dans l'*Esprit des Lois*, que la république est de toutes les formes de gouvernement celle qui incontestablement a le plus besoin de vertu. C'est encore lui qui a dit cette belle parole, à propos de la république romaine : « Rome était un vaisseau tenu par deux ancres dans la tempête : la religion et les mœurs. » Et de notre temps, le savant et loyal républicain de Tocqueville a dit avec non moins de vérité : « Plus l'homme s'accorde de liberté sur la terre, plus il doit s'enchaîner du côté du ciel. S'il n'a pas de foi, il faut qu'il serve ; et, s'il est libre, qu'il croie. » Or, comme actuellement la religion et la vertu règnent moins que jamais sur les âmes ; comme l'égoïsme et la force brutale tendent de plus en plus dans notre malheureuse société à remplacer la loi morale, l'esprit de dévouement et de sacrifice ; et que la plupart des hommes, indifférents à l'idée de Dieu, de religion, de devoir, s'abrutissent dans le matérialisme le plus abject, à tel point que, suivant l'expression spirituelle de Xavier de Maistre, on ne trouvera bientôt plus en eux que la bête, j'en conclus qu'aujourd'hui plus que jamais la république est impossible en France. Tu connais le monde ; rappelle-toi ce que tu m'as dit de sa moralité et de sa vertu. Montesquieu, avec son coup d'œil pénétrant, a encore vu que le régime républicain est bien difficile, pour ne pas dire impossible, dans une grande nation, surtout quand pendant des siècles elle s'est développée et a grandi avec des idées et des habitudes monarchiques.

Mais toutes ces observations, que tu dois connaître, n'ébranlent pas, à ce qu'il paraît, tes convictions républicaines ; tu ne trouves pas suffisants les deux essais que nous avons faits de la république ; et, avec une ardeur toute juvénile, qui ne veut pas tenir compte des enseignements de l'histoire, tu réclames à grands cris une troisième épreuve. Eh bien ! tu dois être content : les *communeux* de Paris, aidés de tous les révolutionnaires de France, t'ont donné un spécimen de république perfectionnée et à la hauteur de la civilisation moderne. Et pour toute conquête, tu as le drapeau du sang, le vol organisé, le brigandage le plus effronté que l'on ait jamais vu sous le soleil, l'égorgement célébré comme un devoir, et, pour tout dire, la hideuse révolution avec une grossière ignorance, une impiété cynique, une sauvagerie monstrueuse, qui nous rend l'opprobre des autres nations, en donnant à ce Paris, la capitale du monde, comme on l'a dit avec emphase, l'aspect dégoûtant d'un repaire de brigands. Et dire que l'on rencontre encore des hommes assez audacieux pour parler des crimes des rois et leur jeter la boue à la face ! En vérité c'est trop fort. *Ces pelés, ces galeux de rois, d'où nous viennent tous les maux,* il se trouve, en fin de compte, qu'en dépit de tous les obstacles qu'ils rencontrèrent sur leur route ils avaient fait de la France une grande et puissante nation, la première nation du monde, au dire même de nos ennemis ; tandis que la république, après l'anarchie et la honte, lui a donné les deux Corses : Napoléon Ier, le plus illustre capitaine des temps modernes, il est vrai, mais aussi le plus grand exterminateur d'hommes qui ait existé depuis le commencement du monde, Robespierre à cheval, suivant l'expression de Mme de Stael (1), et Napoléon III,

(1) « Il (Napoléon Ier) immole plus d'hommes que jamais n'en ont immolé les conquérants asiatiques ; et sur les terres restreintes de l'Europe, couvertes de populations résistantes, il parcourt plus d'espace que les Tamerlan, les Gengiskan n'en ont parcouru dans les vides de l'Asie. »

(THIERS, *Hist. du Consulat et de l'Emp.*, t. XX, p. 718.)

Un mot atroce de Napoléon Ier :

C'était à Dresde, le 28 juin 1813. M. de Metternich, après avoir représenté à ce grand tueur d'hommes que l'Europe entière, et particulièrement la brave nation française dont tout le monde admirait le courage, avaient besoin de repos, ajouta avec une émotion qui lui faisait honneur : « Sire, je viens de traverser vos régiments ; vos soldats sont des enfants. Vous avez fait des levées anticipées, et appelé une génération à peine formée. Cette génération une fois détruite par la guerre actuelle, anticiperez-vous de nouveau ? en appellerez-vous une plus jeune encore ? » A cette observation si sage et si humaine, le tyran pâlit, et répondit par cette épouvantable parole : « *Que me fait à moi deux cent mille hommes !* » Ces paroles dont M. Thiers n'a pas osé reproduire la fami-

l'aventurier couronné. Dieu nous préserve
d'un quatrième essai de république; car, pour
peu que le progrès continue, la France pour-
rait bien, au milieu d'affreuses ruines, voir
arriver le règne de l'anthropophagie ! Je sais
bien que tu exècres, comme moi, toutes
ces horreurs, que tu veux le triomphe du
bien, de l'ordre, de la vraie liberté ; mais
ce en quoi nous différons, c'est que pour
détruire le mal, tu en perpétues les causes,
avec tous tes essais de systèmes, tandis
que moi, je les supprime, en revenant à
l'ordre traditionnel, le seul qui puisse per-
mettre à la France d'être encore grande et
puissante, et de marcher de nouveau à la
tête des nations civilisées. En dehors de la
monarchie héréditaire se développant ré-
gulièrement et conformément aux traditions
nationales, nous continuerons de semer l'es-

liarité soldatesque, émurent profondément M. de Metternich.
— Ouvrons, s'écria le ministre autrichien, ouvrons, sire, les
portes et les fenêtres, que l'Europe entière vous entende,
et la cause que je viens de défendre auprès de vous n'y
perdra point. »

    (THIERS, *Hist. du Cons. et de l'Emp.*, t. XVI, p. 68 et 69.)
    « *Que me fait à moi deux cent mille hommes !* »
Voilà comment un Napoléon aima le peuple français !

prit de révolte, d'anarchie, et nous ne moissonnerons que des tempêtes.

Un officier prussien disait dernièrement, avec une brutalité tout allemande : « Français, révolutionnaires, canailles, ne respecter rien, n'avoir rien de saint ni de sacré, toujours renverser et détruire. » Le portrait était peu flatteur ; mais, restreint dans une juste limite, il est malheureusement trop vrai. Depuis l'ère de révolution inaugurée en 92, la France dévoyée, semblable à un astre errant, ou à un navire sans gouvernail, se consume en vains efforts pour arriver à l'ordre et à la liberté ; mais, dans sa course désordonnée, elle se heurte à tous les écueils, et, ballottée de l'anarchie au despotisme et du despotisme à l'anarchie, elle arrive à des effondrements effroyables, qui pourraient bien lui réserver le sort de l'infortunée Pologne. — Une fois cependant, après la chute du grand conquérant, démolisseur de trônes, elle arrive de nouveau à l'ordre, à la liberté et à la richesse, par le rétablissement d'un gouvernement traditionnel et national ; mais reprise de ses accès de folie politique, elle le mine, elle le renverse, alors que forte de son droit, elle eût dû, avec sagesse se borner à protester légalement contre des erreurs passagères, qui auraient certainement cédé devant la volonté nationale, parce que désormais elles ne pouvaient prendre pied dans la France constitutionnelle.

Il a été de mode de déblatérer contre la Restauration. Jeune homme, et ayant pour guide unique les passions politiques, toujours si aveugles, j'ai mêlé ma voix à ce concert de récriminations et de haines. A quarante ans de distance, instruit par l'expérience et par une étude attentive des faits, il ne m'en coûte nullement de confesser que je me suis trompé. J'ai résolu de ne plus jamais être un homme de parti ; je veux être l'homme de l'observation impartiale, le serviteur de la vérité, ne pas m'éloigner du terrain historique, et arriver seulement, si je puis, à ce que j'appellerais une opinion scientifique, si ce mot n'avait quelque chose de prétentieux. Je te prie de te transporter avec moi sur ce terrain, et de me montrer dans l'histoire un gouvernement qui, entouré de conspirateurs acharnés à le décréditer, à le miner, à l'ébranler par tous les moyens possibles, même les plus lâches, par la calomnie, par le ridicule, par l'appel à l'insurrection, ait cependant fait à la liberté une part aussi large, réparé tant de ruines, dans un si petit nombre d'années, produit tant de grands historiens, tant de philosophes, tant de politiques, donné à la jeunesse une instruction à la fois aussi forte et aussi brillante. Mais, tous les grands hommes du XIXᵉ siècle, j'entends nos grands savants, nos poètes, nos littérateurs, nos historiens, et aussi nos philosophes, malgré les erreurs qui déparent leurs œuvres, sont ou des maîtres qui ont fait leurs preuves sous la Restauration, ou qui, élèves encore, y ont jeté les fondements de leur gloire future. C'était bien la peine, à cause de l'imprudence d'un vieillard qui bientôt allait disparaître, de rouvrir l'ère des révolutions, pour ramener la France, après le règne d'un roi libéral, mais un roi de révolution, à la république de 1848, à la pourriture impériale de Napoléon III, et à la commune de Paris, à Blanqui et au drapeau rouge ! Pauvre France ! Va-t-elle enfin comprendre que le monde moral a ses lois comme le monde physique, et qu'on n'y fonde rien de durable par l'émeute et le désordre ? Laffitte demanda un jour pardon à Dieu et aux hommes d'avoir contribué à faire la révolution de juillet. Louis Philippe, à son lit de mort, voyant enfin la vérité sans passion, a confessé ses torts et fait jurer à ses fils de revenir à l'ordre traditionnel, et de reconnaître pour chef l'aîné de leur race. Il a fait des vœux pour ce qu'on a appelé, depuis, la fusion. Il avait compris alors ce principe qui a la vérité d'un axiome : c'est qu'en dehors de la tradition nationale, qui est la loi du pays, la pierre angulaire de l'ordre, il n'y a que la force brutale, la révolution et l'anarchie, et que le roi, produit de l'émeute, doit, à un moment donné, subir la loi du talion, et être renversé par l'émeute. Je t'accorde donc bien volontiers que le gouvernement de Louis Philippe, malgré le bien qu'il a pu faire pendant 18 ans, « n'a été qu'un compromis bâtard, qui nous a menés aux révolutions de 1848, de 1852, et de 1870. » Pour ne pas voir cela il faut être passionné jusqu'à l'aveuglement, ou ne pas savoir combiner deux prémisses et tirer la conséquence.

Combien nos ancêtres, les Francs, tout barbares qu'ils étaient, se sont montrés mieux inspirés que nos modernes républicains ! Ils étaient, certes, des hommes libres par excellence. Chez eux, l'élection était la loi fondamentale. Cependant ils avaient compris que l'indépendance doit avoir des limites ; et, pour éviter l'anarchie, ils avaient restreint leur liberté et résolu de choisir leurs rois dans une famille déterminée : la famille des rois chevelus. Même chose chez les rois de la deuxième et de la troisième race. Jusqu'au XIIᵉ siècle, en principe, le droit d'élire les rois est inscrit dans la loi ; de fait, le bon sens politique faisait admettre et consacrer de plus en plus l'hérédité. Dans leur sagesse, nos aïeux avaient compris que sans l'hérédité, la nation serait en proie aux rivalités, aux déchirements et à l'anarchie. Il y a là un enseignement dont nos républicains devraient bien faire leur profit. Pour moi, au risque de te paraître un retardataire, un louangeur du vieux temps, un scolastique, un clérical, que sais-je ? j'en ai pris mon parti : descendant des Francs, je veux rester Franc.

Enfin, dans le cas où, malgré toutes ces considérations, tu persisterais à vouloir rester debout sur ce sable mouvant, qui a déjà englouti deux fois l'immortelle république, et qui bientôt, j'en ai la confiance, ne tardera pas à l'engloutir une troisième, si la pauvre France peut guérir et se relever, voici un dernier argument que je soumets à ta sagesse ; adressé à un honnête homme, il me paraît décisif. Dis-moi, la main sur la conscience, la France est-elle républicaine ? Malgré le tendre amour qu'il y a dans ton cœur pour la république une, indivisible, et non universelle, Dieu merci ! tu n'oserais pas soutenir une pareille énormité. Une fois éliminés les hommes tarés, les gens de sac et de corde, toutes ces figures ignobles et patibulaires que l'on voit sortir de leurs repaires dans les temps d'émeute, comme ces hideux reptiles qui n'apparaissent à la lumière que dans les jours d'orage, — les républicains, dignes de porter le nom d'hommes, forment-ils un vingtième du total des électeurs ? Assurément, non. La vérité te force d'avouer que la France ne veut pas la république. Eh bien ! dans cet état de choses, toi, l'homme honnête, l'homme de la sage et vraie liberté, l'ennemi déclaré de toutes les tyrannies passées, présentes et futures, tu ne voudrais pas sans doute la lui imposer par la force et devenir le tyran de la majorité des Français ? J'aime à croire que tu n'es pas un adepte de la république de droit divin et que tu n'admets pas comme un axiome le risible argument inventé tout dernièrement par nos néo-républicains pour venir au secours d'une cause à l'agonie, à savoir que « la république prime le suffrage universel ; qu'elle est la forme de gouvernement nécessaire, indiscutable ; que le peuple français n'a pas le droit de dire comment il veut être gouverné, parce qu'il n'est pas admissible qu'une génération enchaîne la volonté des générations futures ; d'où il suit que la république est le seul gouvernement fondé en raison. » Non, je te crois trop loyal, trop sensé, trop républicain dans la bonne acception du mot, pour descendre à de pareils sophismes, à un pathos métaphysique qui montre bien l'abaissement des intelligences, la dépravation du sens moral, dans le triste temps où nous vivons. Il faut qu'une cause soit bien malade pour être défendue par de pareils arguments! Jusqu'en 1871, tous les républicains en avaient appelé à la souveraineté du peuple, comme à un tribunal suprême chargé de prononcer sur les destinées de la nation. La théorie pouvait avoir des dangers, mais du moins, logiquement, elle s'expliquait et pouvait être soutenue loyalement et sans duperie. Mais voilà que, dans les grandes assises du 8 février, le peuple souverain a rendu un verdict de mort contre la république; et l'arrêt était d'autant plus foudroyant pour les partisans du système condamné qu'il avait été rendu avec une entière et pleine liberté. La république brisée au grand jour par le suffrage universel ! Quelle confusion pour la secte ! Et cependant il fallait à tout prix sortir vainqueur de la joute populaire. Car le principe fondamental des initiés, c'est que la France doit être en république bon gré mal gré. C'est alors que du cerveau de ces illuminés, toujours fécond et en ébullition, s'est élancé tout d'un jet l'argument sauveur : « La république prime le suffrage universel ; elle est le gouvernement nécessaire, indiscutable, qui doit dominer tout et n'être dominé par rien », pas même par le peuple souverain, qui tout à coup a vu tomber de sa tête sa couronne de roi. — Le peuple français n'a pas le droit de dire par quelle forme de gouvernement il veut être régi ! Véritablement, c'est à ne pas le croire ! La conséquence nécessaire de cette audacieuse affirmation, c'est que nos modernes républicains sont des fils qui se révoltent contre leur mère, puisqu'ils s'arrogent insolemment le droit de faire la loi, .eux, faible et imperceptible minorité, à la majorité imposante du peuple français, qui ne veut pas de leur forme adorée de gouvernement, et qui, certes, a bien le droit de n'en pas vouloir. Oui, qu'ils le sachent bien : au point de vue véritablement républicain, ils sont des hérétiques, des parjures ; et le peuple trompé par eux a le droit de les maudire. Un royaliste qui oserait porter comme eux la main sur l'arche sainte des libertés du peuple, mais ils le déclareraient digne de mort ! « Un peuple, ajoutent-ils, n'a pas le droit d'enchaîner la volonté des générations futures. » D'abord, c'est un principe essentiellement faux. Si on isole ainsi les générations les unes des autres, si elles n'ont plus entre elles de lien qui les unisse, si la génération qui succède a le droit de remettre continuellement en question les institutions nationales, de renverser et de détruire arbitrairement l'édifice social, le progrès et la civilisation deviennent impossibles ; l'*individualisme* devient la loi suprême : il faut retourner au désert, et la barbarie recommence. Il est bien vrai qu'en entrant dans la société, l'homme acquiert des droits au point de vue politique et social ; mais il con-. tracte aussi des devoirs, et avant tout, le devoir sacré de respecter les lois fondamentales de la société où il prend place, de travailler à l'améliorer par des moyens légaux et conformes à la loi morale, et non de la bouleverser, de la violenter et d'en compromettre l'existence en y jetant la discorde, en y prêchant l'insurrection. « Un peuple n'a pas le droit d'enchaîner la volonté des générations futures ! » Vraiment, l'argument est ingénieux ! Et pour ne pas enchaîner la volonté des générations futures, ces enfants terribles de la dialectique révolutionnaire enchaînent la volonté des générations présentes. Ce qui serait beaucoup plus honnête, ce serait de n'enchaîner personne et de laisser les générations futures se conduire comme la partie saine des générations passées et présentes, conformément aux enseignements de la sagesse et de la morale. Pour ma part, j'ai trop haute idée des partisans de la moderne république pour prendre leur argument au sérieux. Mais alors, diras-tu, s'ils ne croient pas à ce qu'ils affirment d'un ton si solennel et si convaincu, c'est grave. Non, pas du tout grave, suivant la façon d'agir des adeptes de la théorie révolutionnaire ; en langage démocratique, ceci s'appelle tout simplement une espiéglerie ; et, quand ces comédiens sont réunis à huis clos, et qu'ils développent leur thèse sacramentelle, je doute fort qu'ils puissent se regarder sans rire. Du reste, ces charmants dialecticiens sont inépuisables ; ils ont des arguments pour tous les goûts. En voici un autre, c'est le bouquet. « Le principe de la souveraineté du peuple, disent-ils, est vraiment stupide ; car les neuf dixièmes d'une nation ne sont pas aptes à traiter une question politique. Les républicains n'ont pas la majorité des votes, c'est vrai ; mais ils ont la supériorité de l'intelligence ; or, l'intelligence doit l'emporter sur le nombre, qui n'est après tout qu'une force matérielle. La France n'est pas républicaine, tant pis ; il faut qu'elle le devienne. La loi naturelle veut que la France soit en république ; et quand toute cette multitude réactionnaire saura lire dans le grand livre de l'essence des choses, elle sera tout étonnée d'avoir pu si longtemps ignorer cette vérité aussi éclatante que le soleil. A nous donc qui sommes l'espoir de l'avenir, les rois de l'intelligence, d'inoculer un sang nouveau à tout ce peuple encore brut, de l'enfanter au progrès moderne et à la civilisation. Actuellement, nous lui imposons la république par la violence ; mais c'est pour son bien ; plus tard, il nous en sera reconnaissant. Et, à côté de ces mots magiques : Liberté, Égalité, Fraternité, il inscrira ceux-ci en lettres d'or sur le frontispice de ses monuments : « A ceux qui nous ont donné le bonheur en nous donnant la république, la patrie reconnaissante. »

Que dis-tu de ce raisonnement ? C'est un maître-argument, n'est-ce pas ? Il faut convenir que les royaux, les cléricaux, et surtout les ruraux doivent se trouver bien penauds. Les républicains ont confisqué tout l'esprit ; ils ont le monopole de l'intelligence. Pour être des hommes parfaits, il ne leur manque plus qu'une toute petite chose que malheureusement rien ne remplace, bien qu'ils en fassent peu de cas.... le bon sens. — Ceci, évidemment, est à la seule adresse des dialecticiens en question.

CONCLUSION.

Ma conviction intime fondée sur l'étude sérieuse des faits, c'est que pour retrouver l'ordre et la vraie liberté, notre patrie, si éprouvée, doit revenir à la monarchie traditionnelle dont les racines vigoureuses plongent dans le sol jusqu'à cette période primitive dans laquelle s'est constituée la nationalité française. Toutefois, dans la crise lamentable que nous traversons, alors que tout a croulé, que la terre manque sous nos pieds et que nous nous débattons au milieu d'immenses ruines, je dois admettre et j'admets que la France consultée

sérieusement, honnêtement, sans pression,
dise avec liberté par quelle forme de gouvernement elle veut être régie. Si, dans ces
conditions, elle opte pour la république,
je me rallierai à la république, non pas parce
qu'il me faudra céder à la force, mais
librement, en conscience et sans arrière-
pensée. Il le faut bien, ou alors nous re-
tournerions à l'état sauvage. Mais si, à
l'imitation du coup d'état du 2 décembre,
on impose la république à la majorité des
Français par surprise ou par violence,
je protesterai dans ma conscience, avec tous
les hommes honnêtes, contre la conduite
inique de nos nouveaux tyrans.

Cet appel au peuple, auquel je demande
le salut, n'a rien qui contredise les considérations que je t'ai soumises. C'est tout
simplement la planche que le matelot saisit
dans le naufrage, et à laquelle il s'attache
avec l'espérance de rencontrer un vaisseau
qui le ramène au port. Ce vaisseau où doit
nous ramener la volonté nationale dans le
grand naufrage de la patrie française, c'est :

1° La monarchie traditionnelle, élément
de stabilité et d'ordre ;

2° Une chambre élue par le suffrage universel, chargée de faire les lois et de servir de contre-poids au pouvoir royal.

En d'autres termes :

1° Un pouvoir exécutif héréditaire et traditionnel ;

2° Un pouvoir législatif exercé par les mandataires du peuple.

Voilà mon système ; je ne vois pas en quoi il prête au ridicule. J'en appelle à ta sagesse et à ta parfaite loyauté, après un examen sérieux et approfondi.

Caen. — Typ. F. Le Blanc-Hardel.